Los Caballos

Por Virginia Parsons

Traducido por René V. Sánchez
de Cosmopolitan Translation Bureau

Western Publishing Company, Inc.
Racine, Wisconsin

© Copyright 1977, 1968 by Western Publishing Company, Inc. All rights reserved. Produced in U.S.A. GOLDEN, SILUETA GOLDEN, and GOLDEN PRESS® are trademarks of Western Publishing Company, Inc. No part of this book may be reproduced or copied in any form without written permission from the publisher.

El vaquero está tratando de atrapar el caballo salvaje con su lazo.

Una acróbata realiza actos acrobáticos sobre el lomo del caballo del circo.

El pequeño burro mexicano es miembro de la raza del caballo.

La cebra también es miembro de la raza del caballo. Este es un potro de cebra.

Un establo es un lugar donde viven caballos.

La niña está guiando su esbelto caballo saltador sobre el seto.

El herrero está colocando una nueva herradura en el casco del caballo.

El niño indio monta su caballo pinto sin montura.

Aunque pequeño, este caballo poni es robusto.
Los ponis son caballos pequeños y robustos.

Los caballos más fuertes y pesados trabajan en labores.

Un caballo recién nacido se llama potrillo.
La madre besa a su potrillo dormido.

Los potrillos son juguetones. Ellos pueden correr y saltar a las pocas horas de haber nacido.